FRENCH OPERA ARIAS

FOR

MEZZO-SOPRANO

AND

ORCHESTRA

MMO
4086

MUSIC MINUS ONE

4086

CONTENTS

COMPLETE VERSION TRACK	MINUS MEZZO TRACK	TITLE	PAGE
1	7	Saint-Saëns: SAMSON ET DALILA	
		Act II: *'Mon cœur s'ouvre à ta voix'* (Dalila)	3
2	8	Ambroise Thomas : MIGNON	
		'Connais-tu le pays...' (Mignon)	12
3	9	Massenet : HÉRODIADE	
		Act I: *'Venge-moi d'une suprême offense!...*	
		...Hérode! Ne me refuse pas' (Hérodiade)	18
4	10	Massenet : WERTHER	
		Act III: *'Werther...Werther...Qui m'aurait dit la place...'* (Charlotte)	27
	11	Orchestra re-entry after Bar 77	31
5	12	Act III: *'...Des cris joyeux'* (Charlotte)	32
6	13	Act III: *'Va! Laisse couler...Les larmes qu'on ne pleure pas'* (Charlotte)	38

SAMSON ET DALILA, Act II

"Mon cœur s'ouvre à ta voix"

Camille Saint-Saëns
(1835-1921)

de l'au-ro — re!

Mais, ô mon bien-ai-mé, pour mieux sé-cher mes

pleurs.____ Que ta voix____ parle en-co — re!

Dis - moi qu'à Da-li -

ma_____ ten - dres - se! Ver - se - moi,_____ ver-se-

moi_____ l'i - vres - se! Ré - ponds_ à ma ten-dres - se!

Ré - ponds_ à ma ten - dres - se! Ah!_____ Ver-se - moi,_____ ver-se-

moi_____ l'i - vres - se!

se lé - gè - - - re.

Ain - si fré -

mit mon cœur prêt à se con - so -

ler!_____ A ta voix_____

MIGNON

"Connais-tu le pays..."

Ambroise Thomas
(1811-1896)

Con - nais-tu le__ pa-ys   où fleu-rit l'o-ran - ger?__   de__ pa-ys des fruits

Con - nais-tu la mai-son où l'on m'at-tend là-

bas?_____ La salle_____ aux lam-bris d'or_____ où des hom-mes de mar - bre.

M'ap-pel - lent dans la nuit_____ en me ten-dant les bras,_____

70 Et la cour où l'on dan - se___ à l'om - bre d'un grand ar - bre,

74 Et le lac trans-pa - rent, où glis - sent sur les eaux. Mil-le ba-teaux lé-

77 gers, pa-reils à des oi - seaux!___ Hé - las!___

dim. *p*

dim. *pp*

80 _ Que ne puis-je te sui - vre Vers ce pa-ys loin - tain d'où le sort m'è - xi-

HÉRODIADE, Act I

"Venge-moi d'une supreme offense!... ...Hérode! Ne me refuse pas"

Jules Massenet
(1842-1912)

tôt_____ tu cour - be - ras la tè - - - te De -

vant_____ leurs ma - lé - dic - ti - ons!_____

C'est Jean! c'est l'a - pôtre in -

fâ - me___ Qui prê - che le bap-tême___ et la nou - vel - le foi!..

a Tempo.

C'est sa tê-te que je ré - cla - me!   Hé-ro - de! Hé -

ro - de! Ne me re-fu - se pas!   Ne me re-fu - se   pas!...   Hé-

ro - de...   Rap-pel-le - - - toi!_____

Ne me re-fu-se pas!   Toi, mon seul   bien!..._____   Pour qui j'ai tout quit-té,

mon pa-ys et ma fil - le: N'es-tu pas mon sou-tien, Et ma seu-le fa-mil - le?

Ne me re-fu-se pas! Ne me re-fu-se pas! Rap-pel-le - toi!...

Rap-pel-le-toi le Tibre a - vec ses bords om-breux. Nous vi-vions sans com-pter les

heu - res fu-gi-ti-ves, Nos ti-mi-des bai-sers ét-aient nos seuls a-veux.

WERTHER, Act III

"Werther...Werther...
Qui m'aurait dit la place...
Des cris joyeux..."

Jules Massenet
(1842-1912)

28

MMO 4086

Wer - ther... Wer - ther... Qui m'au - rait dit la

pla - ce que dans mon cœur il oc - cupe au jour - d'hui?..

De - puis qu'il est par - ti, mal - grè moi, tout me

las - se!... Et mon âme est plei - ne de lui!...

un ciel gris   et   lourd de Dé-cem - bre   pe - se sur moi   comme un lin-

ceul,_____ Et je suis   seul!.._____   seul!..   tou jours   seul!..."_____

Ah!   per-sonne au-près de   lui!..   pas un   seul té-moi-gna - ge de ten - dresse ou mê-me de pi-

tié!..   Dieu!   com - ment m'est ve - nu   ce   tris - te cou-ra - ge,

nê - tre. Des cris_____ d'en - fants!...

Et je pense a ce temps si doux.

très léger et détaché **pp**

mf *bien chanté*

Ou tous vos chers pe - tits jou - aient au - tour de

p

nous!..._____ Ils

m'ou - blie - ront peut - ê - - tre?.."

avec expression

Non, Wer - ther,_____ dans leur sou - ve - nir votre i -

ma - ge res - te vi - vante... et quand vous re - vien - drez...._____

en animant.

mais doit - il re - ve - nir?.._____

vrai!____ Mais si je ne dois re-pa-raî-tre. Au jour fi-xé,... de-vant

toi._____ Ne m'ac-cu-se pas,____ pleu-re - moi!.."

"Ne m'ac-cu-se pas,____ pleu-re - moi!.."_____ "Oui, de ces

yeux si pleins de char - mes, ces li-gnes... tu les re-li-ras,

WERTHER, Act III

"Va! laisse couler...
Les larmes qu'on ne pleure pas"

Jules Massenet
(1842-1912)

Suggestions for using this MMO edition

We have tried to create a product that will provide you an easy way to learn and perform these operatic arias with a full orchestra in the comfort of your own home. Because it involves a fixed orchestral performance, there is an inherent lack of flexibility in tempo and cadenza length. The following MMO features and techniques will reduce these inflexibilities and help you maximize the effectiveness of the MMO practice and performance system:

Where the soloist begins a piece *solo,* we have inserted subtle taps to establish tempo. We have also created track-breaks at sub-arias or at an orchestra entrance following a long solo or cadenza, for cuing purposes.

We have observed generally accepted tempi, but some may wish to perform at a different tempo, or to slow down or speed up the accompaniment for practice purposes. You can purchase from MMO specialized CD players and recorders which allow variable speed while maintaining proper pitch; or to alter the key without affecting tempo. This is an indispensable tool for the serious musician and you may wish to look into purchasing this useful piece of equipment for full enjoyment of all your MMO editions.

We want to provide you with the most useful practice and performance accompaniments possible. If you have any suggestions for improving the MMO system, please feel free to contact us. You can reach us by e-mail at *mmogroup@musicminusone.com.*

MUSIC MINUS ONE
50 Executive Boulevard
Elmsford, New York 10523-1325
800.669.7464 U.S. ← 914.592.1188 International

www.musicminusone.com
mmogroup@musicminusone.com